Scalping is leuk!

Deel 2: Praktische voorbeelden

Heikin Ashi Trader

Inhoudsopgave

1. Scalpen Met Technische Analyse 3
2. Hoe interpreteer ik Heikin Ashi grafieken? 6
3. Wanneer stap ik in? 12
4. Wanneer stap ik uit? 15
5. Werken met koersdoelen of niet? 17
6. Heikin Ashi Scalping in de praktijk 19
7. Helpt technische analyse bij Heikin Ashi Scalping? 32
   A. Steun en weerstand 33
   B. Swing-high en swing-low van de vorige dagen 37
   C. Het belang van het ronde getal in de Forex 40
8. Hoe herken ik trenddagen? 50
9. Hoe scalp ik trenddagen? 53
10. Besluit 55

Andere boeken van Heikin Ashi Trader 57

Over de auteur 64

Colofon 65

1. Scalpen Met Technische Analyse

In het eerste boek van de reeks "Scalpen is leuk" heb ik een eenvoudige scalping set-up voorgesteld die altijd kan worden toegepast, of de markt zich nu in een trend bevindt of net een range inslaat. Deze set-up is universeel en kan voor elk timeframe worden toegepast. Het tweede boek van de reeks gaat dieper in op deze basis set-up door een aantal typische patronen voor te stellen, die uit de technische analyse voortkomen.

Deze patronen zijn meestal gemakkelijk te begrijpen en zeer effectief. Zelfs als je niet echt vertrouwd bent met technische analyse kan je de voorbeelden aangehaald in dit tweede boek nog steeds toepassen. Dit boek is het resultaat van vele vragen die de deelnemers aan mijn webinars en mentoring programma me gesteld hebben. Met dit tweede boek hoop ik deze vragen te beantwoorden. Ik scalp al meer dan 16 jaar, maar ik blijf nieuwe dingen leren en ik blijf streven naar verbetering. Daarom wil ik hierbij al deze traders bedanken voor hun vragen en opmerkingen, omdat zij uiteindelijk de aanzet hebben gegeven voor dit tweede boek.

Dit boek behandelt niet een gevorderde stadium van mijn set-up. Ik ben ervan overtuigd dat je kan handelen met deze eenvoudige methode zonder enige kennis of klassieke technische analyse.

De meeste traders die ik ken, mezelf inbegrepen, begonnen hun handelscarrière met het bestuderen van grafieken. Dit heeft zowel voor- als nadelen. Technische analyse kan vergeleken worden met cartografie: de trader leert de bewegingen en de huidige situatie te interpreteren in de context van het verleden. Je leert als het ware een kaart lezen. Waar de reis je zal brengen in de toekomst, dat weet je nog steeds niet. Het nadeel van deze methode is dat je na verloop van tijd je initieel fris perspectief verliest wanneer je naar de grafieken kijkt.

Ervaren grafieklezers zien highs en lows in één oogopslag. Ze spotten steun- en weerstandniveaus en ze herkennen trends, voorzettingspatronen, omkeerpatronen, enz. Dat moet wel, ze zijn hierop getraind. Probeer gewoon eens naar eender welke grafiek te kijken zonder deze patronen te zien. Als je al twee of drie jaar bezig bent met technische analyse, dan zal dit je waarschijnlijk niet lukken.

Maar de blik zonder vooroordelen behoort toe aan de mensen die nooit eerder een boek over technische analyse hebben gelezen. Als ze voor een schilderij zouden staat dat je als "abstract" zou omschrijven, dan zou de technische analist "straten, huizen en bomen" zien, kortom: een volledig landschap. Wij zullen wellicht nooit meer deze blik, volledig vrij van vooroordelen, kunnen hebben, omdat we zijn opgegroeid met grafieken. Computersimulaties hebben dit ook bewezen. Simulaties zijn programma's die pure virtuele grafieken produceren, die in het geheel niets te maken hebben met een markt of een aandeel. Bij gebruik van grafieken die volledig verzonnen zijn door computerprogramma's zal de grafieklezer zijn bekende patronen gaan identificeren. Hij zal trendlijnen gaan tekenen, belangrijke highs en lows onderscheiden, enz. Zoals je ziet, is er geen ontsnappen aan deze vooringenomen visie!

Desalniettemin geloof ik dat je, als "cartograaf", winstgevend kan handelen door gebruik te maken van de set-up die ik in mijn eerste boek heb voorgedragen. Ook hier zijn de Heikin Ashi grafieken een grote hulp bij het visualiseren van de marktflow. In dit tweede boek wil ik mijn set-up combineren met belangrijke elementen van de technische analyse. De kans is heel groot dat je deze combinatie winstgevend kan gebruiken. Het is echter niet noodzakelijk gebruik te maken van de toegelichte voorbeelden. Heel wat scalpers die op deze manier handelen - met een of twee trading-indicatoren - zijn heel tevreden. Anderen handelen dan weer volledig volgens de set-up uit het eerste boek, met succes. In trading draait alles om het vinden of ontwikkelen van de methode die het best bij jou past - er is geen juiste of foute methode.

2. Hoe interpreteer ik Heikin Ashi grafieken?

Voordat we beginnen met de concrete voorbeelden moeten we eerst de belangrijkste kenmerken van de Heikin Ashi grafieken bekijken, want deze komen in veel van de voorbeelden aan bod. Bekijk eerst eens deze tabel. Ze geeft een overzicht van de belangrijkste informatie over de Heikin Ashi grafieken.

Afbeelding 1: Kenmerken van de Heikin Ashi grafieken

Trend	Stierenmarkt	Berenmarkt
Trend begint	Stijgende groene candles	Dalende rode candles
Trend wordt sterker	Groene candles worden langer	Rode candles worden langer
Trend wordt zwakker	Groene candles worden korter met schaduw aan de bovenkant	Rode candles worden korter met schaduw aan de onderkant
Consolidatie/trend omkeer	Spinning tops / doji	Spinning tops / doji

De eigenschappen zijn dezelfde voor zowel stijgende als dalende markten. De Heikin Ashi grafieken geven een veel duidelijker beeld van trends dan bijvoorbeeld candlegrafieken. Ze zijn zo ontworpen om trends in één oogopslag te herkennen. De trader weet onmiddellijk of de markt zich in een stijgende of dalende trend bevindt. De kleuren van de candles laten geen twijfel bestaan.

Afbeelding 2: Een trend in de Heikin Ashi weergave

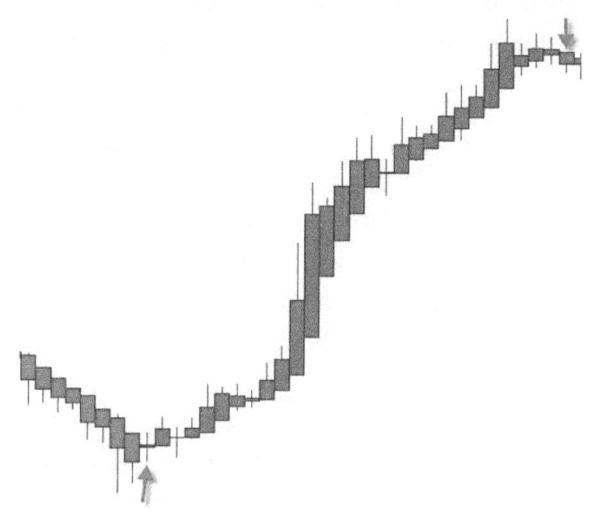

Kijk goed naar figuur 2. Alle candles voor de onderste pijl zijn rood. Dat betekent dat de markt in een neerwaartse trend zit. De candle boven de blauwe pijl onderaan is een doji (dit leg ik later uit) en kleurt groen. Dat zou een klassiek koopsignaal voor me zijn. We zien ook dat alle volgende candles groen zijn. Nu begint de uptrend. In het begin neemt de trend een aarzelende houding aan. Dat zie je aan de candles die nog klein of onbeduidend zijn, maar toch groen. In het midden van de beweging worden de candles aanzienlijk groter of langer. De stieren hebben duidelijk de bovenhand genomen. De opwaartse trend is in volle ontwikkeling. In het derde deel van de trend worden de candles weer kleiner, hoewel de trend nog steeds stijgend is. Aan het einde van de trend zijn ze net zo klein als in het begin en we zien weer en doji verschijnen. De volgende candle is rood, zoals aangegeven door de bovenste blauwe pijl. Tenslotte is de uptrend voorbij. De kleur suggereert het begin van een nieuwe cyclus en dat de koers weer daalt.

Als contra-trend scalper ben je gespecialiseerd in trends die aan hun einde komen. Jouw analytische taak bestaat erin trends te herkennen en te ontdekken of hun momentum sterk of zwak is. Hier is de grootte van de candles van cruciaal belang. Grote candles, eventueel met lange schaduwen, geven vaak aan dat de trend in volle ontwikkeling is. In stijgende markten betekent dit dat de stieren ongetwijfeld het laatste woord hebben. Het spreekt voor zich dat short- en long-trades hier verboden zijn! Lange, sterke candles wijzen erop dat de trein vertrokken is. Iedereen is aan boord, dus het is te laat om nu nog snel op de trein te springen.

Afbeelding 3: GBP/USD 2-minutengrafiek

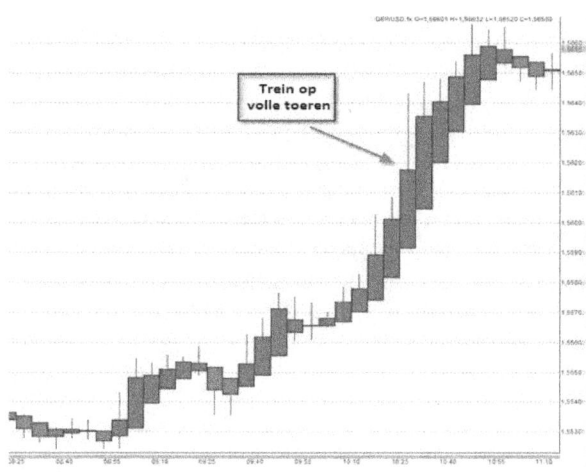

Deze grafiek, die de GBP/USD weergeeft, maakt de analogie met de trein duidelijk. De middelste candle, aangegeven met de blauwe pijl, is de locomotief van de trein. De stieren jagen de pond in deze periode meer dan 50 pips hoger! Op hetzelfde moment zie je een lange wiek, wat aangeeft dat de locomotief het weldra kan begeven. De volgende candle is wat kleiner en de nieuwe high is niet veel hoger dan de vorige. Dan beginnen de candles kleiner te worden en de laatste twee groene candles vormen geen highs meer. Hier zijn de stieren uitgepraat en de locomotief is het aan het begeven. Nu moet je goed volgen wat er gebeurt: op de high van de beweging komen consolidatiecandles tot stand die meestal de vorm aannemen van een doji of een spinning top.

Afbeelding 4: Dojis en Spinning tops

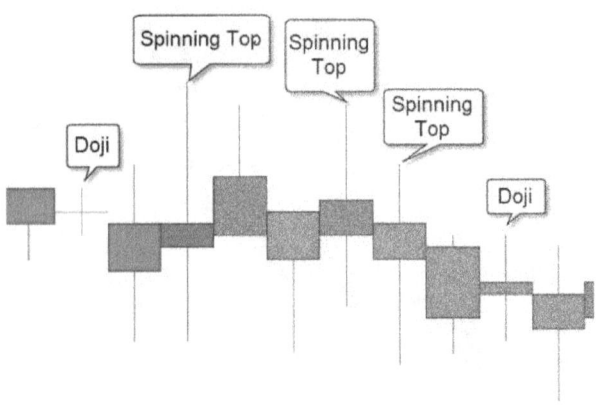

Het verschil tussen beide is gemakkelijk te herkennen. Dojis hebben een kleine schaduw en bijna geen echt lichaam, terwijl spinning tops vaak een lange schaduw en een klein lichaam hebben. Een doji is vergelijkbaar met een kruis of plusteken. De openingskoers en sluitingskoers van de periode zijn dus bijna identiek. Een doji geeft een balans aan tussen kopers en verkopers en kondigt vaak een wijziging in de trend aan.

Spinning tops lijken erg veel op dojis, maar ze hebben een ietwat andere betekenis. Bij spinning tops zijn de openings- en sluitingskoers ook gelijk. Maar de lange schaduw boven en onder het echte lichaam suggereren dat de volatiliteit nog steeds hoog is. Een spinning top is echter de eerste indicatie dat de huidige trend zal verzwakken, want noch de stieren, noch de beren domineren de markt. Beide candlepatronen wijzen op een evenwicht tussen kopers en verkopers. De marktdeelnemers zijn het quasi "eens" over de prijs.

3. Wanneer stap ik in?

Wanneer op een grafiek een doji of een spinning top de kop opsteekt, is dit voor mij een indicatie dat het huidige momentum op zijn minst tijdelijk voorbij is. Het kan een onderbreking in de trend zijn, of het kan ook het begin van een correctie zijn, wat mij, als contra-trend scalper, uiteraard interesseert. Waar het om draait is, dat je nooit iets op voorhand kan weten met 100% zekerheid. Je zal nooit weten of het gaat om een korte onderbreking of dat de markt zich klaar maakt om een deel van de vorige beweging te corrigeren. En zal ik je nog eens wat vertellen? Je hoeft deze dingen ook niet allemaal te weten. Trading en scalping is een kansspel; wat telt, is dat je winst groter is dan je verlies.

Afbeelding 5: Short-Trade

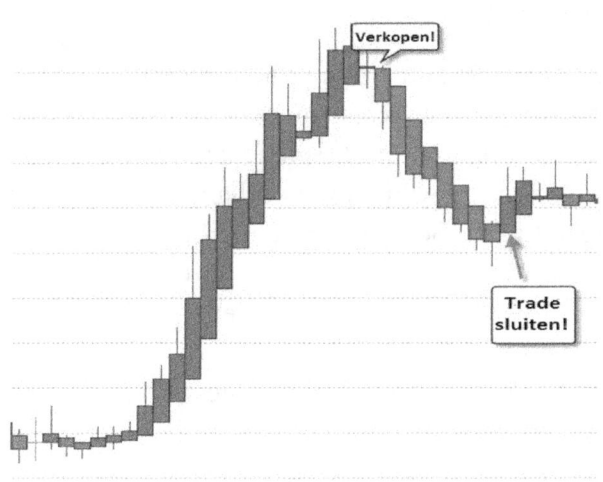

Als we de aanzienlijk opwaartse beweging volgen, links op de grafiek, ontstaat er een doji op de high. Dit is het teken voor de tegenovergestelde beweging. Nadat deze doji candlestick voltooid is, neem je best een short positie per marktorder. Zoals je ziet, zakt de markt dan 7 candles op rij. Als je werkt met een 1-minuutgrafiek, dan is dit timeframe precies 7 minuten. De achtste candle is weer groen, zoals aangegeven door de pijl. Dat betekent dat de stieren de controle over de markt weer hebben overgenomen. Tegen deze tijd zou je je positie moeten sluiten en je winst realiseren.

Als je short bent gegaan, maar even later beseft dat het slechts een pauze was en de markt zijn vorige trend voortzet, dan zou je je positie onmiddellijk moeten sluiten. Zo zal je maar een klein verlies lijden, dat je als trader zal moeten aanvaarden. Verliezers zijn de kosten van onze business- vergeet dat niet!

Maar als je de situatie juist hebt ingeschat en de markt corrigeert, dan zal je winst maken, zoals weergegeven in afbeelding 5. Maar let op! Opnieuw stuit je op onzekerheid, want je kan onmogelijk op voorhand weten hoe ver de correctie zal gaan. Soms geeft de markt je enkele punten of pips en keert dan terug. Accepteer deze kleine winst en ga naar de volgende trade. Soms zal er een grotere correctie plaatsvinden, zoals in afbeelding 5 (zo'n 50% van de vorige beweging). En in het gunstigste geval zal de markt de volledige vorige beweging corrigeren en zelfs meer. Deze situaties zijn geschenken, die zich in een handelsweek steeds opnieuw zullen voordoen, en die je met open armen moet aannemen. Dit zijn de trades die je prestaties aan het eind van de week aanzienlijk verbeteren.

4. Wanneer stap ik uit?

Op deze vraag heb ik een eenvoudig antwoord: de kleur van de Heikin Ashi candles zal je vertellen of je de positie al of niet moet sluiten. Kijk nogmaals naar afbeelding 5. Na een rally ontstond een doji en de volgende candle, die duidelijk rood kleurt, geeft het short-signaal. De markt viel toen gedurende 8 minuten en corrigeerde zo'n 50% van de vorige beweging. Daarna ontstond de eerste groene candle, een teken dat de corrigerende beweging voorbij was (trade sluiten!).

Als je short bent in een 1-minuutgrafiek en de markt produceert de ene rode candle na de andere, waarom zou je er dan uit stappen? Geniet van de rit en pak zoveel mogelijk punten en pips. Je zal ze nodig hebben. Denk eraan: de correctie die je handelt of scalpt is alleen maar onderworpen aan dezelfde regels als de vorige trend, waarop je je trade gebaseerd hebt. De correctie kan ook momentum ontwikkelen. Misschien is het begin bescheiden en ontstaan er alleen maar kleine candles. Ze kunnen groter worden en veel winst opbrengen. Maar de correctie zal uiteindelijk overgaan in een consolidatieperiode. Als de candles kleiner worden, of er ontstaan dojis en spinning tops, dan is het meestal tijd om je uit de voeten te maken - maar vergeet niet je winst te innen - want de eerste groene candle komt er snel aan. Scalping is niet weggelegd voor het rustig-aan-type. Het draait allemaal om snelle winst in deze business.

Dit lijkt nogal vanzelfsprekend. Als je al een tijdje bezig bent met scalping, hoop je altijd meer uit de trade te halen dan de markt je effectief biedt. Dit is de aard van de mens, maar het is duidelijk een vergissing. Als trader moet je het woord "hoop" onherroepelijk schrappen uit je woordenboek. Je moet leren regelmatig en consequent winst te realiseren, net zoals je ook moet leren om regelmatig een klein verlies te verwerken zonder enige twijfel. Aarzel niet als de grafiek je duidelijk vertelt dat de correctie voorbij is. De markt is in een constante flow, koop- en verkoopgolven komen en gaan en jouw taak is zo goed mogelijk over deze golven te surfen. Daarvoor is het van cruciaal belang dat je beschikt over hulpmiddelen die deze flows precies weergeven. En volgens mij doen de Heikin Ashi grafieken dat.

5. Werken met koersdoelen of niet?

De basis set-up, zoals ik deze tot nu toe heb voorgesteld, werkt zonder koersdoelen. De scalper blijft in de trade zolang zich op de Heikin Ashi grafiek geen verandering van kleur voordoet. Als je de basis set-up combineert met technische analyse, dan kan je gebruik maken van koersdoelen. Je trades zijn dan gebaseerd op je marktbeoordeling. Hier moeten we ons de volgende vraag stellen: zijn er keerpunten in de markt ten gevolge van bepaalde technische niveaus (meer hierover in de volgende hoofdstukken)?

Als je ervaring hebt met technische niveaus, zal je vaak zien dat je koersdoel exact wordt bereikt. Maar je zal ook zien dat de markt het doel fors overschrijdt. In dit geval zal je takeprofit-order je winst beperken. Helaas druist dit in tegen de hoofdregel van trading: beperk je verlies en haal zoveel mogelijk winst binnen. Maar deze regel werd niet opgesteld voor scalpers, eerder voor trend-followers en positietraders. Je zal ook vaak meemaken dat je koersdoel niet bereikt wordt en de markt zich eerder keert. Dan zou je de Heikin Ashi candles moeten volgen. Veranderen de candles van kleur? Worden ze kleiner? Ontstaan er dojis of spinning tops?

Maar er is een andere reden waarom je als scalper moet overwegen om te handelen met koersdoelen. Je koersdoel wordt soms sneller bereikt dan je voor mogelijk hield. Vaak zal je niet in staat zijn om snel je positie te sluiten. Enkele seconden later kan de markt alweer vijf of zes pips hoger of lager staan. De automatische orders van veel trading systemen duwen de markt in de een of andere richting - in jouw voor- of nadeel. Daarom moet je gebruik maken van een vaste stop en een ambitieus koersdoel. Als het koersdoel niet wordt behaald, dan haal je het takeprofit-order van de markt. Als je takeprofit-order is bereikt dankzij een snelle zet, wees dan blij dat je een koopje op de kop hebt getikt in de markt. Scalping met en takeprofit-order is soms voordelig, maar soms ook nadelig. Ook hier is er geen juist of fout. Uiteindelijk moet elke scalper zijn of haar eigen regels opstellen. We hebben uit ervaring geleerd dat je je eigen regels zal veranderen in de loop van je trading-carrière wanneer je groeit en meer ervaring opdoet.

6. Heikin Ashi Scalping in de praktijk

Nu wil ik laten zien hoe ik scalp aan de hand van een trading voormiddag in EUR/USD. Hieronder zal je een aantal screenshots zien die ik maakte terwijl ik aan het handelen was. Ze geven weer hoe de entry en de exit op elke trade gebeurde. Ik ga ook het stop-management behandelen en op het einde zal ik mijn resultaten evalueren.

Afbeelding 6: EUR/USD, 30-secondengrafiek

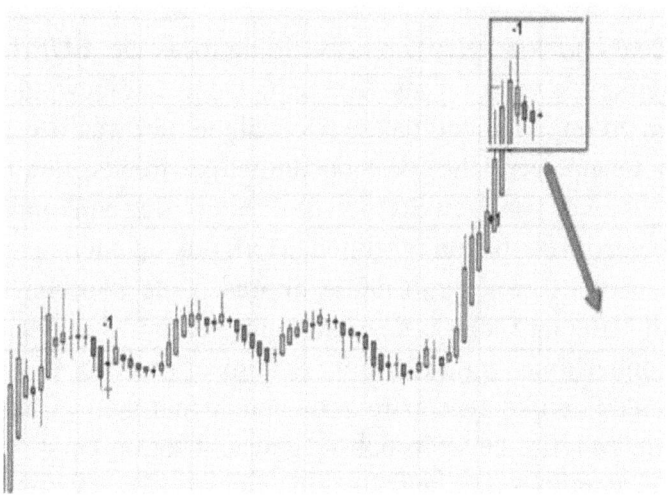

Ik koos eerst voor de 30-secondengrafiek omdat het om een zeer snelle markt ging. Zoals je ziet, is het belangrijk om flexibel te blijven en je niet blind te staren op een ingerichte grafiekinstelling. De markt is constant in beweging en elke dag is anders. Soms gaan de bewegingen snel, soms eerder traag. Dit betekent dat je op sommige dagen een trend beter kan herkennen op een 1-minuutgrafiek en op andere dagen zal een 2-minuten grafiek geschikter zijn. Dit kan je met één muisklik wijzigen. En zelfs tijdens de handelssessie kan ik de grafiekinstellingen wijzigen als de volatiliteit verandert.

Wij zijn traders. Als je altijd kiest voor vaste parameters, dan kan je werk net zo goed worden uitgevoerd door een computerprogramma. Als je je kostbare tijd gaat besteden aan trading, dan moet je voordeel hebben ten opzichte van automatische trading systemen. Een voordeel is dat jij, als ervaren scalper, de markt op elk moment kan herevalueren door manueel je grafieken op de markt aan te passen.

Zoals je kan zien op afbeelding 6 is de EUR/USD aanvankelijk in een range gegaan. Deze minibewegingen waren zo onbeduidend dat ze het scalpen niet waard waren. Mijn set-up werkt het best op duidelijke trends, dus mijn interesse werd pas gewekt toen de uitbraak zich aankondigde en de euro weer begon te stijgen. Merk ook op dat de Heikin Ashi candles groter zijn na de uitbraak - de kopers waren terug! Uiteraard kan je deze uitbraak verhandelen, maar je kent ondertussen mijn filosofie: Ik denk er niet aan. Ik wacht op een duidelijk herkenbare **actie** van de markt en verhandel dan de **reactie**. Daarom heb ik gewacht tot de eerste rally was uitgeput en dan ben ik short gegaan na de eerste rode candle op 1,3563 (het gele vierkant). Het was mijn eerste trade van de dag, dus koos ik eerst voor een kleine positie ($100.000). Ik wou voeling krijgen met de markt en dat is heel belangrijk!

Een andere steunpilaar voor mijn filosofie is dat ik mee wil gaan in de flow. Ik wil met de golven handelen. Vergeet niet dat helemaal aan het begin van de tradingdag er nog niemand in de flow zit, dit doet zich enkel voor in de loop van de trading.

Wist ik dat de markt zou corrigeren na deze eerste uitbraak? Natuurlijk niet! De markt zal me vertellen of ik goed of fout zit en hoe ver ze wil gaan corrigeren. De rode pijl geeft een ruwe schets van mijn verwachtingen weer. Dus, volgens mij zou de euro het uitbraakniveau triggeren waar ze net een laterale beweging had uitgevoerd (linkerkant van de grafiek).

Afbeelding 7 EUR/USD, 2-minutengrafiek

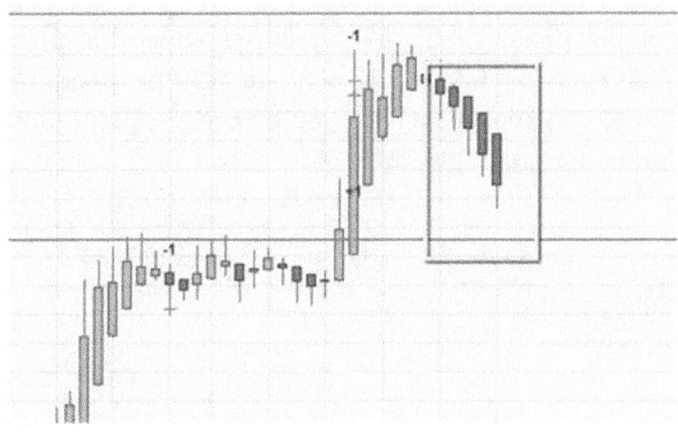

Om een beter overzicht te krijgen, ben ik overgeschakeld op een 2-minutengrafiek op afbeelding 7. De markt vertelde me dat mijn vermoeden klopte en de EUR/USD corrigeerde de vorige uitbraakbeweging. Op afbeelding 7 zitten we net voor het punt waarop mijn koersdoel bereikt zou worden.

Dat was de onderste horizontale lijn. Hier wachtte mijn takeprofit-order op 1,3551. Dit order zou mijn positie automatisch sluiten eens dit niveau werd bereikt. Zoals ik al zei, moet je altijd proberen realistische koersdoelen in te stellen bij het scalpen. Voor mij was dit het eerdere uitbraakniveau, ongeveer waar mijn kooporder wachtte. Als mijn scenario zich zou voordoen, zou ik met deze scalp-trade zo'n 13 pips winst kunnen maken.

De bovenste horizontale lijn is de stop-loss op 1,3571. Dit order beschermt mijn positie tegen groter verlies. Dus de stop bevond zich zo'n 7 pips boven mijn openingsprijs. Met andere woorden, ik riskeerde 7 pips om er 13 te winnen, en dit is een goede verhouding tussen risico en kans voor een scalper. Bij scalping staat de KRV (Kans-Risico Verhouding) vaak op 1:1. Toen ik het screenshot maakte, stond de koers op 1,3554. Ik stond dus al 9 pips voor. Mijn koersdoel was niet meer ver weg en omgerekend ging het om een winst van 65,90 EUR.

Afbeelding 8: EUR/USD, 1-minuutgrafiek

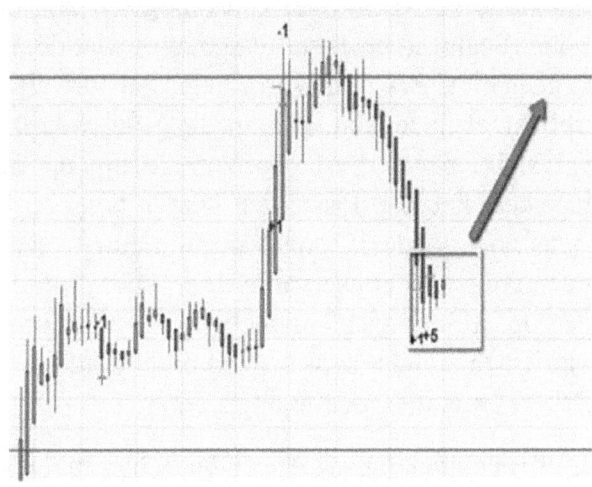

Op afbeelding 8 ben ik teruggekeerd naar de 1-minuutgrafiek - mijn favoriete grafiekinstelling - om de markt nader te bestuderen. De -1 bovenaan geeft aan waar ik short ben gegaan en +1 (zoals aangegeven door het gele vierkant) geeft aan waar de takeprofit-order mijn positie heeft gesloten. Dus mijn verwachtte scenario heeft enkele minuten later plaatsgevonden en ik was in staat om de verwachte winst van 13 pips binnen te halen. Zoals gezegd, had ik maar met één standaard lot van $100.000 gehandeld en dit was de eerste trade van de dag. Zelfs scalpers moeten eerst opwarmen! Met vertrouwen ging ik nu over naar een hogere versnelling en ik ging onmiddellijk terug long, deze keer met 5 lots (+5 in het vierkant). Als je goed zit op de beurs, moet je je vooral concentreren op het maken van zoveel mogelijk winst en het verlies zo klein mogelijk houden wanneer het niet zo goed gaat. Als je dit niet kan doen, kan je er beter voor kiezen om niet te handelen.

Als ik een short-trade sluit, betekent dit uiteraard dat ik een tegenreactie verwacht. Het zou onlogisch zijn om niet long te gaan. Scalping betekent reageren op wat de markt je vertelt - meer niet. Als je in vorm bent, gebeurt dit zonder dat je erbij moet nadenken. Dus in dit geval was ik 5 lots long op 1,3552. De onderste horizontale lijn op figuur 8 vormt deze keer het stop-loss order. Dit lag lager op 1,3540, dus het was zo'n goede 12 pips van mijn entry verwijderd. Dit was een enigszins conservatieve zet, vooral omdat mijn koersdoel op 1,3565 lag, namelijk 14 pips boven de openingsprijs. Je ziet dat kans-risico verhouding dramatisch verandert! Het was met moeite ongeveer 1: 1.

Maar er is een belangrijk aspect dat ik hier niet kan laten zien: de factor tijd. Als scalper wil ik dat mijn verwacht scenario zich snel voordoet. Ik hoopte dat de markt bijna onmiddellijk mijn richting uit zou gaan. Toen dat na enkele minuten nog steeds niet het geval was, begon ik mijn stop-loss korter bij de openingsprijs te brengen. Deze maatregel is gebaseerd op een ervaring die meerdere traders hebben meegemaakt. Als de trade niet werkt, wordt de kans op slagen in de toekomst met de minuut kleiner. Voor een trader is het dan noodzakelijk om de schade zoveel mogelijk te beperken.

Een manier om hierin te slagen is het verminderen van de afstand tot de stop (niet door deze te vergroten!). Uiteindelijk, en meestal komt dit moment vrij snel, zal je inzien dat de trade niet zal werken en dat het beter is om je positie te sluiten. Meestal houdt dit een klein verlies in. Doe dit beter wat te vroeg dan te laat. Wat dit betreft ben ik zelf rigoureus: mijn verwachtingen komen uit of niet. Indien niet, dan wil ik uit de markt zijn. Deze tijdstop beschermt mij tegen onnodige gedachten zoals "ik hoop dat ik er nog goed uit kan komen". Ik wil dat de markt mijn richting volgt, zo niet, dan wil ik eruit.

Afbeelding 9: EUR/USD, 1-minuutgrafiek

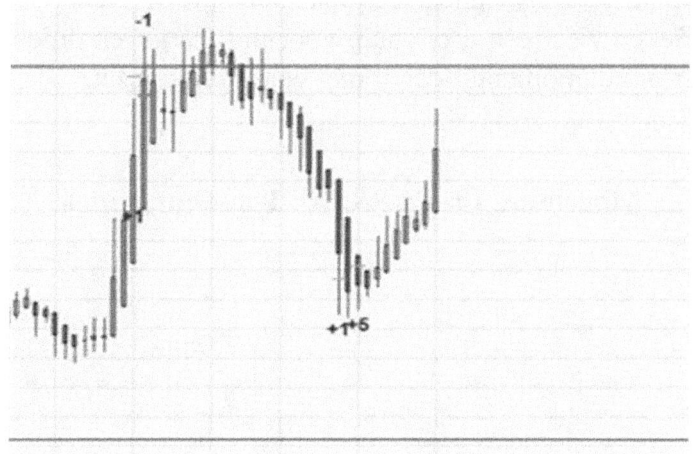

Afbeelding 9 toont dat na 7 minuten de trade al in de winst staat. Hoewel mijn koersdoel (bovenste lijn) nog niet werd bereikt, lijkt mijn inschatting correct te zijn. De EUR/USD bevindt zich op 1,3562, slechts 11 pips boven mijn openingsprijs. Dit betekent een aanzienlijke winst van 362 euro, om trots op te zijn. Merk op hoe klein de Heikin Ashi candles in het begin van deze nieuwe uptrend waren, terwijl de laatste candle een dynamischer karakter vertoont. De trein is weer aan het rijden!

Mijn nieuw koersdoel bevindt zich ongeveer op het niveau waar ik eerder short ben gegaan. Uiteraard weet ik niet of de markt er opnieuw naartoe zal gaan. Het grote voordeel van takeprofit-orders is dat de positie automatisch wordt gesloten eens het doel is bereikt. Maar als ik merk dat de markt dit doel niet zal bereiken, dan kan ik het koersdoel lager instellen. Het is vaak gewoon een kwestie van oordelen. Een ontbrekend momentum? Dan kan je misschien beter nu je winst innen. En ook hier zijn de Heikin Ashi grafieken weer een grote hulp voor mij; ze geven duidelijk weer of het momentum al of niet wordt voortgezet.

Afbeelding 10: EUR/USD, 1-minuutgrafiek

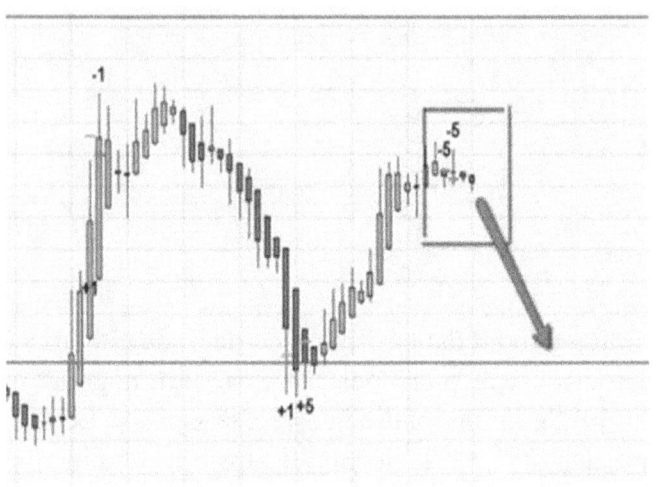

Kijk eens aan! Na de eerste hoopvolle beweging duiken er geen verdere highs op. De markt begint in een range over te gaan, de Heikin Ashi candles worden kleiner en – hoe kon het ook anders - de eerste doji steekt de kop op! Voor mij is dit meer dan voldoende om mijn winst te realiseren en onmiddellijk weer short te gaan! Als je voelt dat de markt niet hoger wil of kan gaan, dan moet je short gaan. Dat is gewoon logisch.

Toch moet ik je waarschuwen: we bevinden ons in een stijgende (!) markt. Je kan dit zien als je de grafiek bekijkt van links naar rechts. Short-trades in deze omgeving zijn duidelijk contra-trend trades. Je gaat dus tegen alle waarschijnlijkheid in, ookal sluit je de trade af met winst.

Mijn short entry was 1,3562. De stop (bovenste horizontale lijn) op 1,3572 bevond zich op een goede 10 pips van de entry. Het koersdoel lag op 1,3550 - 11 pips lager. Opnieuw een kans-risico verhouding van slechts 1:1, maar zoals ik al zei, ga ik de stop snel bewegen in de richting van de openingsprijs voor het geval de trade zich niet ontwikkelt zoals gewenst.

Zoals je ziet heeft scalping en trading in het algemeen veel te maken met het herhaaldelijk in jouw voordeel manipuleren van kans en risico. Probeer dus altijd zo goedkoop mogelijk aan te kopen. Goede scalpers zijn daarin kampioenen!

Afbeelding 11: EUR/USD, 1-minuutgrafiek

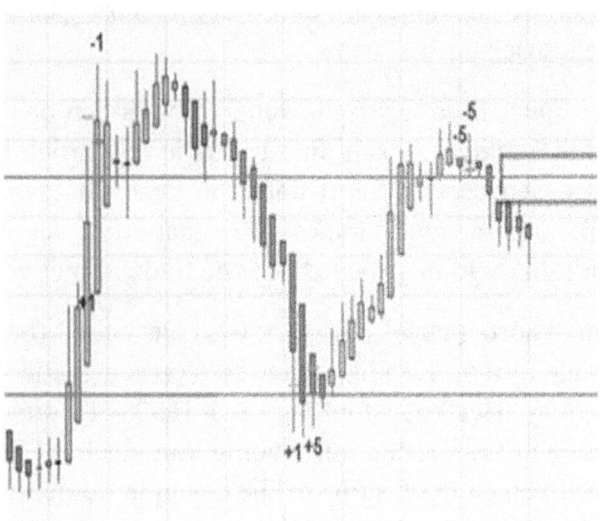

Afbeelding 11 illustreert deze aanpak. Ik zat in een short en had al enkel pips voorsprong, maar toch had ik het gevoel dat er te weinig momentum in de beweging zat. Dus stelde ik de stop in op break-even (bovenste horizontale lijn van de rechthoek), hoewel ik wil aanraden dit niet te snel te doen. De volatiliteit zorgt ervoor dat je nogal snel wordt gestopt als het order zich te dicht bij de markt bevindt. Hoe dan ook, in sommige gevallen kan het noodzakelijk zijn om niet te veel marge te geven aan de huidige trade als de markt niet snel genoeg in jouw richting beweegt. Op dat punt kan een snelle contra-beweging zich voordoen en voor je het weet zit de trade in het rood.

Met een stop op break-even, verandert mijn kans-risico verhouding weer dramatisch. Een stop op break-even is een gratis trade. In het slechtste geval kom je met 0 van de markt, maar je behoudt wel je optie dat de trade zich alsnog in jouw richting ontwikkelt. Dit is natuurlijk het beste wat er bestaat. Voor scalp trades tegen de huidige trend (stijgend), zou je wat voorzichtiger te werk moeten gaan, zelfs als dergelijke trades zeer winstgevend kunnen zijn.

Afbeelding 12: EUR/USD: 1-minuutgrafiek

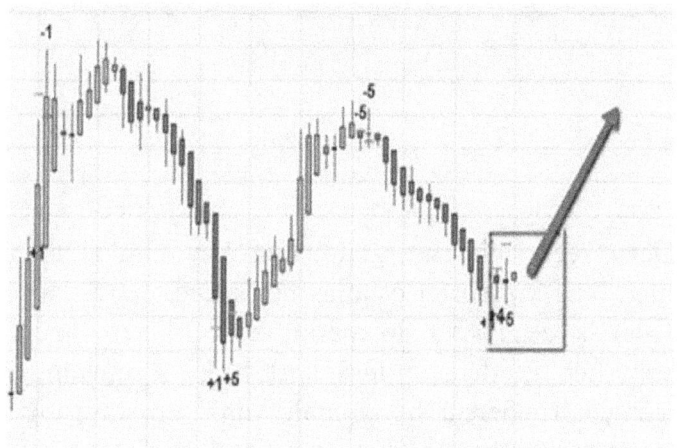

Mijn koersdoel was nog net niet bereikt, maar ik was al in staat om de trade af te sluiten met een mooie winst. Je kan hier duidelijk zien dat een doji de terugkeer aankondigt. Daarom ging ik opnieuw long met 5 lots.

Afbeelding 13: EUR/USD: 1-minuutgrafiek

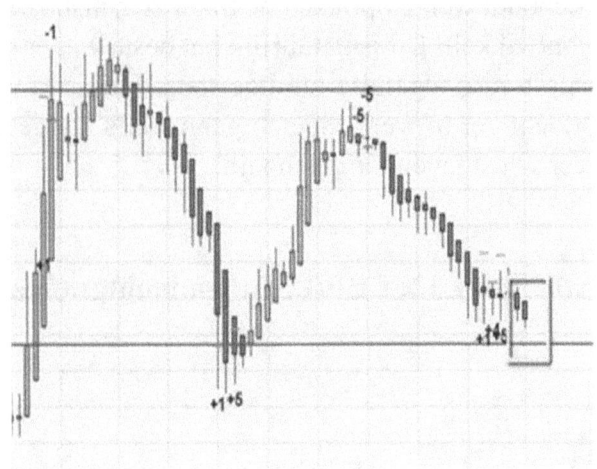

Deze keer stond het geluk niet aan mijn zijde. Drie minuten later waren de candles nog steeds rood. Het lijkt erop dat ik deze keer de markt verkeerd heb ingeschat. Daarom heb ik de stop-loss kort naar de openingsprijs gedwongen (onderste horizontale lijn). Er was nog wat ruimte, maar de ervaring leert ons dat deze situatie meestal uitdraait op verlies. Vergeet daarom niet dat je de schade moet proberen te beperken! Het verlies kwam op 226 euro. Tijd voor een pauze...

Afbeelding 14: Resultaat van de 4 scalp trades

Trade Nr.	Lots	Long/short	Start	Stop	Pips	Euro's
1	1	Short	10:33	10:55	13	124,00
2	5	Long	10:55	11:10	11	530,00
3	5	Short	11:11	11:26	7	354,00
4	5	Long	11:27	11:48	-5	(226,00)
Totaal	16				26	**782,00**

De resultaten van dit goed uur scalpen waren bevredigend. Ik heb 26 pips kunnen genereren en uiteindelijk heb ik 782,00 EUR verdiend. Uiteraard loopt het niet altijd zo, maar een gedisciplineerde trader zal herhaaldelijk goede dagen als deze meemaken. Op deze manier is scalpen echt leuk!

7. Helpt technische analyse bij Heikin Ashi Scalping?

We hebben nu de basis opgebouwd voor succesvol Heikin Ashi scalping. In principe kan je aan de slag met deze kennis en beginnen scalpen. Maar ik wil je in dit boek meer interessante informatie meegeven. De basis set-up waarmee ik je liet kennismaken in hoofdstuk 3 zou ik willen combineren met technische analyse. Ik wil onderzoeken of sommige elementen van technische analyse mijn set-up ondersteunen. De vraag is dus: kunnen we entries (en exits!) met nog grotere precisie uitvoeren? In het volgende voorbeeld wil ik jullie laten zien dat de scalping set-up heel goed samengaat met, en zelfs bevestigd wordt door belangrijke principes van de technische analyse.

A. Steun en weerstand

Afbeelding 15: EUR/USD, 1-minuutgrafiek

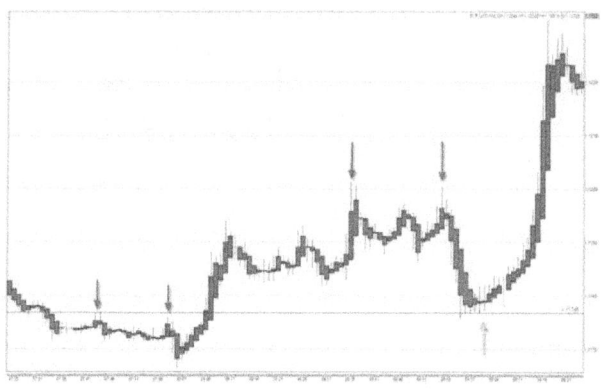

In dit voorbeeld zien we een klassiek geval van een ochtendtrade in de EUR/USD. Vroeg in de trading (links op de grafiek) zweefde de euro in een range. De horizontale lijn geeft een ondersteunende lijn weer, die later van belang zal zijn. We zien hoe de euro tussen 7:00u en 8:00u rond deze lijn danst. Eerst vormt de lijn een steun en even later valt de euro onder deze lijn. Zo komen we tot de weerstand (eerste twee pijlen onderaan links). Kort na 8:00u merken we dat de markt de lijn weer breekt. De candles worden groter en regelmatiger. Dit is de eerste indicatie van de dag dat er kopers op de markt zijn. En ja hoor, een half uur later ligt het ronde cijfer van 1,1200 voor het grijpen (derde en vierde pijl naar beneden). Het wordt 2 maal getest. Ik had dit kunnen verhandelen, maar de Heikin Ashi candles gaven me geen goede set-up dus heb ik ervoor gekozen om dit niet te doen.

En nu wordt het interessant. De markt komt een beetje terug en is de ondersteunende lijn weer aan het testen, die kort over 8:00u werd overwonnen. Dit is typisch. Laat ons nu even in detail bekijken wat de euro op dit punt aan het doen is.

Afbeelding 16: EUR/USD, 1-minuutgrafiek

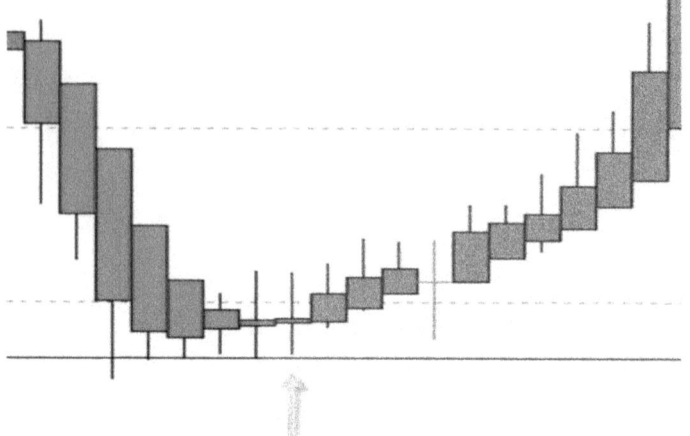

We zien dat na het testen van het ronde cijfer 1,1200 de euro zo'n 20 pips terugkomt (rode candles links). Dit is binnen 3 à 4 minuten afgewerkt. De volgende twee candles zijn beduidend kleiner, wat wijst op een verlies van momentum. Hoewel de koersen de ondersteunende lijn raken, duiken ze er niet onder. De volgende candle is dan een doji, wat wijst op een balans tussen kopers en verkopers. Hier moet de Heikin Ashi scalper de koersen waakzaam opvolgen, want bij de volgende candle verandert de kleur van rood naar groen (pijl). Dit is het koopsignaal! Nu zou je als scalper niet mogen twijfelen. Je zou moeten kopen, want we zien dat de prijs al begint te stijgen bij de volgende candle als teken dat de kopers in actie komen. Het voordeel in deze technische situatie is dat je de trade kan beveiligen met een strakke stop-loss. In dit geval zou ik zeggen, tussen 3 en 5 pips.

Als je de stop te krap zet, riskeer je dan uitgeschakeld te worden door een toevallige beweging van de markt? Antwoord: Ja, dat is zo. En het zal je overkomen in elke markt. Het maakt deel uit van het trading proces en je moet leren omgaan met klein verlies als een kost voor je business. Dus komt niet aandraven met de keuze voor een grotere stop in deze situatie. Deze ondersteunende lijn houdt al of geen stand. De stieren leiden al sinds 8:00u. Nu zouden ze ook moeten laten zien wat ze kunnen. En de stieren gaven gas. Niet alleen werd het ronde cijfer 1,1200 energetisch veroverd, ze deden er nog eens 20 pips bovenop. Duur: 2 minuten. Met andere woorden, deze uitstekende gelegenheid zou je 40 pips hebben opgebracht. 40 pips. Dat is meer dan het dagelijks gemiddelde van de meeste scalpers die ik ken. Er zijn uitzonderingen. Maar het zijn zeer getalenteerde en zwijgzame personen, waar je meestal niets van hoort.

Afbeelding 17: EUR/USD, 1-minuutgrafiek

Afbeelding 17 toont het klassiek geval van een steun die een weerstand wordt. Dit was een heel rustige dag voor de EUR/USD. Vroeg in de ochtend konden ze het niveau van 1,1420 (horizontale lijn links op de grafiek) nog verdedigen. Kort voor 9:00u slaagden de verkopers er eindelijk in de steun te doorbreken en ze brachten de EUR/USD naar 1,1380, een bescheiden beweging. Dan gebeurt er niet zoveel tot de kopers de EUR/USD weer kunnen optrekken naar het niveau van 1,1420. We zien hoe de stierachtige candles net tot het weerstandsniveau reiken en dan weer verzwakken. Na twee mislukte pogingen om de weerstand te overwinnen, verschijnen de eerste rode candles (pijl naar beneden): dit is het short teken. Een opbrengst tussen 10-15 pips.

B. Swing-high en swing-low van de vorige dagen

Afbeelding 18: USD/CHF, 1-minuutgrafiek

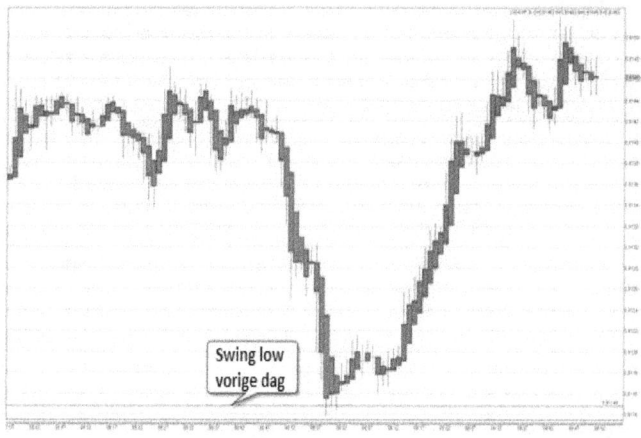

Afbeelding 18 geeft de 1-minuutgrafiek weer voor het valutapaar USD/CHF. Terwijl de Zwitserse frank in het begin van de handelsdag in range ging (bovenaan links), daalde hij kort voor 9:00u (Europese tijd), waardoor exact de swing-low van de vorige dag bereikt werd. De eerste groene candle op dit punt is een doji; een long positie leek me door de technische grafiek gerechtvaardigd. Je kon deze swing-low verhandelen met een relatief kleine stop-loss van 5 pips. We zien dat de USD/CHF de vorige beweging uiteindelijk volledig heeft gecorrigeerd. Niet ongewoon in valutatrading!

Afbeelding 19: EUR/GBP, 5-minutengrafiek

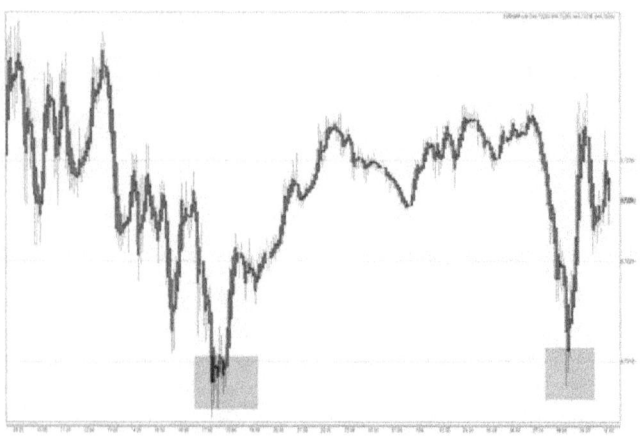

Afbeelding 22 geeft een 5-minutengrafiek weer voor het valutapaar EUR/GBP. Opnieuw test de markt de swing-low van de vorige dag (eerste donkere rechthoek links). Een dergelijk plotse zwakte levert vaak uitstekende koopgelegenheden omdat de marktdeelnemers dit niveau heel goed onthouden. Bovendien wachten op deze niveaus ook institutionele orders, die nog eens gunstig op de markt willen komen. Vaak zijn dit dezelfde acteurs die de markt omlaag dreven, richting hun kooporders. De grote jongens beheersen het spel!

Afbeelding 20: DAX, 1-minuutgrafiek

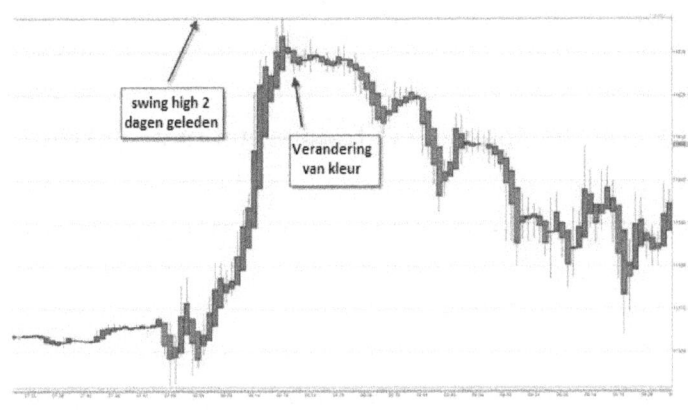

De Duitse DAX-index is ook een van mijn favoriete markten als het op het scalpen van de 1-minuutgrafiek aankomt. Het voorbeeld van afbeelding 20 is ook een klassieker. We zien hoe de DAX in de premarket trading (voor 9:00u) een kleine rally houdt en een eerdere swing-high bereikt. Dit niveau was al 2 dagen oud, maar je ziet dat de marktdeelnemers dit niveau onthouden. Nadat de koers het niveau heeft behaald (geraakt), neemt de dynamiek af en is de volgende candle rood. Het signaal voor short. Toegegeven, wat volgt is niet echt voorbeeldig, en sommige scalpers zouden zeker hun positie weer gesloten hebben bij de eerste groene candle. Hoe dan ook, winst tussen 10-20 punten was hier zeker mogelijk. Maar opvallende swing-highs of -lows zijn vaak interessant omdat je op zijn minst een kleine correctie kan verwachten. Dergelijke niveaus zijn nu eenmaal niet makkelijk uit de markt te halen, tenzij de rally gebaseerd is op zeer belangrijke economische gegevens.

C. Het belang van het ronde getal in de Forex

Afbeelding 21: GBP/JPY uurgrafiek

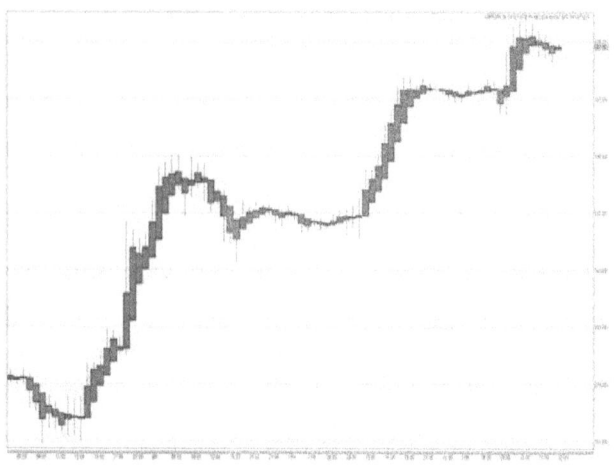

Afbeelding 21 geeft een uurgrafiek weer voor het valutapaar GBP/JPY, ook gekend onder de naam "the beast". GBP/JPY is een van mijn favoriete trading-markten en ik zal je ook uitleggen waarom. "The beast" is inderdaad een wild dier. Maar elke trader die weet wat hij doet, kan geld verdienen op deze markt. Zoals je kan zien, schommelt ze gemakkelijk tot 200, soms zelfs meer dan 300 pips per dag. Dat is een markt! Uiteraard zijn de spreads hier ietwat groter; daarom moet men zijn of haar risicomanagement aanpassen. De grafiek op afbeelding 21 geeft duidelijk aan dat de stieren het laatste woord hebben, niet? Als ik een slimme scalper zou zijn, zou ik dus op zoek gaan naar interessante long-signalen op deze markt. We bekijken eerst eens de microkosmos op de grafieken.

Afbeelding 22: GBP/JPY: 1-minuutgrafiek

Op afbeelding 22 komen we terug op de 1-minuutgrafiek. De horizontale lijn in het midden van de grafiek vertegenwoordigt het ronde getal 187,00. Dit zal nog belangrijk worden. We zien dat niveau 187 eerst verdedigd wordt in de handel van de vroege ochtend. Dan, kort voor 10:00u, slagen de beren erin de markt beneden dit niveau te dwingen voor zo'n 30 pips. Is dat geen prachtige rode ladder naar beneden?

Nogmaals, deze beweging is niet zo gemakkelijk te anticiperen. Uitbraaktraders kunnen wel een stop-sell onder de vorige low zetten, maar wie zegt dat je dan niet gewoon wordt gefopt? Tenslotte bevinden we ons op een stierenmarkt. Maar zo'n mooie dalende trappen zijn bijna altijd geschenken voor mij als scalper. Ik weet dat dit gecorrigeerd zal worden. En een scalp aan de long-kant, eens de groene candles rood kleuren, zou minstens 10 pips hebben opgeleverd. Dan komt de markt nog even terug, maar ze bereikt de vorige low niet meer en stijgt opnieuw tot niveau 187. Dit is heel belangrijke informatie! De beren hebben geprobeerd de markt naar beneden te drukken maar ze zijn hier blijkbaar niet in geslaagd. De stieren konden de markt moeiteloos terugbrengen naar het startpunt: 187,00! En laten we eens kijken wat er nu gaat gebeuren:

Afbeelding 23: GBP/JPY, 1-minuutgrafiek

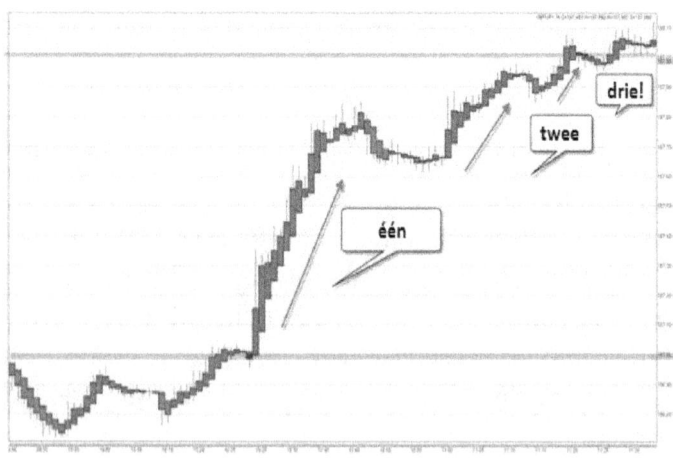

Aan de linkerkant van afbeelding 23 kan je zien waar we zijn aanbeland op afbeelding 22. De stieren hebben "the beast" teruggebracht naar het startpunt van de ochtend, namelijk het ronde cijfer 187,00 (onderste lijn). En dan beginnen ze aan hun dagtaak! In 3 golven drijven ze GBP/JPY op tot het volgend ronde getal: 188,00. Eén, twee, drie! Drie prachtige golven die verhandeld konden worden door elke slimme scalper.

Als je de vroege ochtendzwakte als nep had kunnen ontmaskeren, dan zou je natuurlijk het niveau 187 onmiddellijk gekocht hebben. Na de eerste (grootste) golf, kon je erop vertrouwen dat de kopers het niveau 188 uit de markt zouden halen. Het gaat hier om 100 pips in ongeveer 1 uur tijd tussen 10:30u en 11:30u. Je kan dit echter alleen maar doen als je ervaring hebt met deze markt. "The Beast" beweegt graag 100 pips - zomaar - en daarom vind ik deze markt zo leuk. Als je deze bewegingen af en toe kan maken (met 5-10 pips stop-loss), zal je je onder de winnaars van de beurs bevinden.

Afbeelding 24: USD/JPY, 1-minuutgrafiek

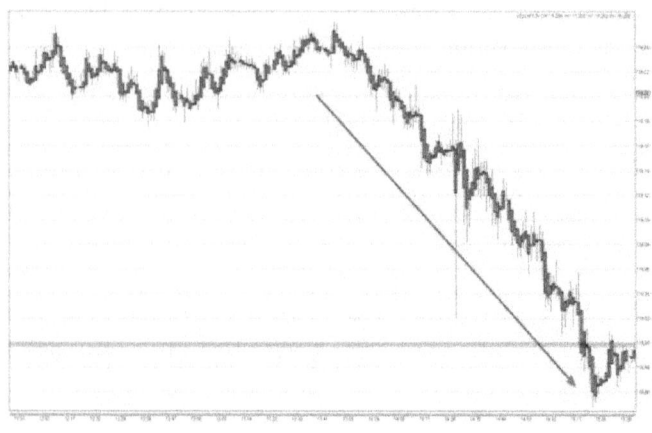

Een totaal verschillende maar even interessante scalping markt is het valutapaar USD/JPY. Hier lijkt de volatiliteit beduidend lager dan bij GBP/JPY. USD/JPY is inderdaad het belangrijkste Yen-paar en daarom heeft het de hoogste dagomzet. 20 pips geven al een goede beweging aan in deze markt. Je kan nauwe stops gebruiken op deze markt dankzij de lage volatiliteit (vaak maar 2 of 3 pips van de openingsprijs verwijderd). In dit voorbeeld was dat ook het geval. We zien een duidelijke neerwaartse beweging, net iets onder het ronde cijfer 119,00 (blauwe horizontale lijn). Wat daarna gebeurt, is heel spannend.

Afbeelding 25: USD/JPY, 1-minuutgrafiek

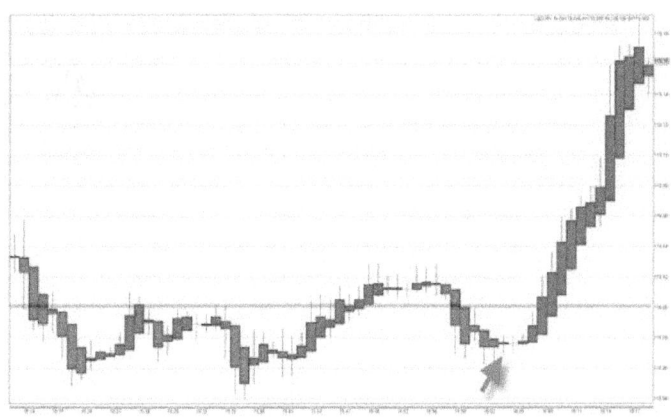

Op afbeelding 25 zien we duidelijk dat USD/JPY een drievoudige bodem heeft gevormd onder het ronde cijfer 119 (horizontale lijn). Dit is van groot belang, vooral omdat de derde bodem (pijl) ietwat hoger ligt dan de vorige. Nogmaals: dit is belangrijke informatie. De stieren aanvaarden geen verdere lows onder het niveau van 119,00. Dat betekent dat ze klaar staan om de 119 te verdedigen. Dat gebeurt dan ook en de daaropvolgende rally is goed voor 20 pips. Terug naar het begin! Laten we de derde bodem even nader bestuderen:

Afbeelding 26: USD/JPY, 1-minuutgrafiek

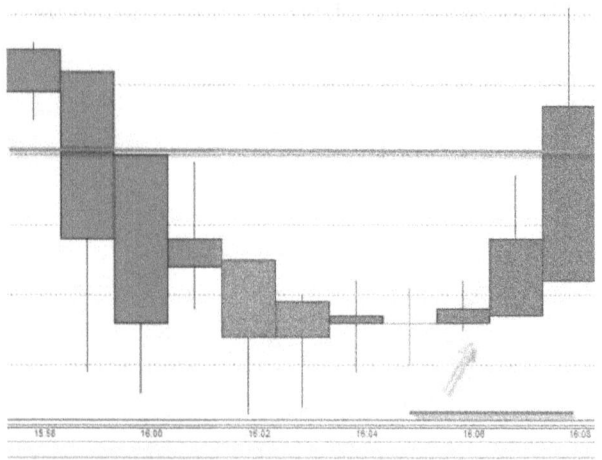

Twee-drie pips onder het niveau 119 (horizontale lijn) worden de candles kleiner en vormen dan twee dojis die groen kleuren. Eindelijk, vlak bij de voltooiing van de derde bodem, kan de scalper een long positie nemen met een realistisch strakke stop-loss (2-3 pips). Dit zal niet altijd lukken, maar in dit geval brachten het 20 pips in USD/JPY op. De kleine rode lijn onder de candles is de stop.

Afbeelding 27: DAX, 1-minuutgrafiek

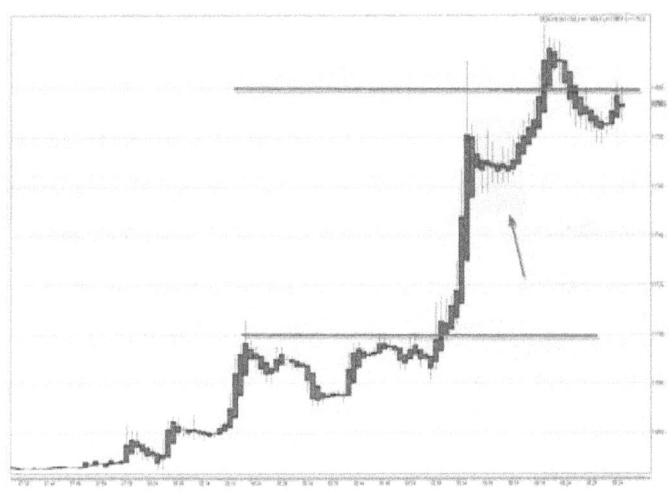

Afbeelding 27 geeft de 1-minuutgrafiek voor de DAX weer. Merk op dat op dit punt de DAX zich duidelijk in een opwaartse beweging bevond. We zien hoe de kopers in de vroege ochtend het niveau van 11,700 proberen te overwinnen (onderste horizontale lijn). Om 9:00u (start van de handel in Frankfurt) slagen ze er eindelijk in en ze kunnen 100 punten binnenhalen in 6 minuten tijd. Dit is een heel belangrijke brok aan informatie, want dit betekent dat de stieren de absolute controle over de markt hebben en de beren hebben niets te zeggen. Wat belangrijk is voor scalpers, is wat er gebeurt na deze eerste move (pijl). We gaan dit even nader bekijken.

Afbeelding 28: DAX, 1-minuutgrafiek

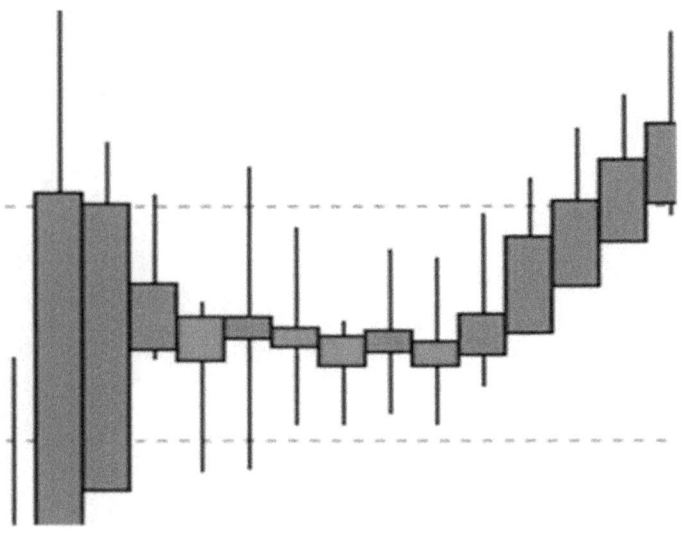

Op de 1-minuutgrafiek gaat de DAX over in een range na deze machtige beweging van 100 punten. Na de verandering van kleur zien we 5 spinning tops en twee bullishe hamers. Wie hier short ging, verging het lachen. De spinning tops, en vooral de hamers, suggereren dat de kopers niet eens een kleine correctie toelaten. De contracten van de verkopers worden onmiddellijk gekocht door de gretige kopers. Na deze korte fase van 8 minuten loopt de markt uiteindelijk 45 punten extra verder op.

Wat leren we hieruit: na zo'n sterke bewegingen zijn shorts verboden (100 punten in 6 minuten tijd!). Wie toch short ging, eindigt met verlies of in het beste geval break even op deze markt. Het was natuurlijk verstandiger om de enorme kracht van de stieren te erkennen en long te gaan na deze korte consolidatieperiode.

8. Hoe herken ik trenddagen?

Op "normale" markten kan een scalper zowel long als short gaan. Meestal gaan de markten in range. In deze situaties is het volledig veilig om de steun (de swing-low van de vorige dag, het ronde cijfer) te kopen en om de weerstand (de swing-high van de vorige dag, het ronde cijfer) te verkopen. Hier zal je ook wel verliezers hebben, maar zoals je al weet maakt dit deel uit van onze business. Contra-trend scalping op trenddagen is gevaarlijker, aangezien je hier tegen de heersende krachten van het grote geld in gaat. 's Avonds is het altijd gemakkelijk om vast te stellen of de markt waarin je gehandeld hebt een trenddag heeft gehad. Maar weet je het ook om 9:00u 's morgens? Natuurlijk niet. Dat weet niemand. Statistieken geven aan dat de markt in 70% van de gevallen in range (zijwaarts) gaat. Dat betekent dat de set-ups die ik voorstel in dit boek gelden voor de meerderheid van je trading tijd.

Mocht je ontdekken dat de markt onmiddellijk weer stijgt nadat je bij een eerste opwaartse beweging short bent gegaan, dan is het verstandig om voorzichtig te zijn! De kans dat we getuige mogen zijn van het begin van een trenddag wordt nu realistisch. Meestal hebben we 1-2 trenddagen per week. Ze zijn niet altijd gemakkelijk te herkennen, maar er zijn enkele aanwijzingen. Als de twee (of drie) vorige trading dagen typische rangedagen waren, dan neemt de kans toe dat vandaag een trenddag zal worden.

Wanneer de markt eerst in de andere richting gaat, is dit ook een aanwijzing. Dit doet zich vaak voor op de Forex markt, meestal in de Europese voormiddag. De "beren" kelderen eerst de markt. De opvangniveaus die de voorkeur genieten, zijn vaak de lows van de vorige dag, terwijl grotere kooporders op de "beren" wachten om uitgevoerd te worden. Uiteraard willen de grote jongens een extra korting op de markt verkrijgen voordat ze haar weer de hoogte in drijven. Vaak start de rally na wat "consolidatie" op de low. De heren (en dames) willen natuurlijk eerst al hun kooporders uitgevoerd zien.

Als je een voorbeeld van dit scenario wilt, kijk dan even terug naar afbeelding 22 en 23. Soms zal je ook een snelle daling beleven, die lijkt op een sell-off. De markt wordt dan in dezelfde adem omhoog getrokken. Dit noemen we een V-formatie, omdat de beweging op de grafiek op een V lijkt. Voorbeelden zijn terug te vinden op afbeelding 18-19. Nogmaals: dit zijn natuurlijk uitstekende scalping kansen.

Trenddagen doen zich vaak voor wanneer belangrijke economische data of grote persconferenties van de centrale banken verwacht worden. Je moet rekenen op "toegenomen volatiliteit", zoals de media het verwoordt. Op zulke dagen betekent dit meestal dat de hoofdtrend (dag- of weekgrafiek) wordt hervat. Op die dagen zal je ervaren dat markten als de EUR/USD gemakkelijk 100 tot 150 pips bewegen. En jij, als scalper, wilt hier ook graag een graantje van meepikken, niet?

Niets is vermoeiender dan short proberen te gaan op een markt, die de hele dag stijgt. Geloof me, ik spreek uit persoonlijke ervaring, ik heb dit zo vaak gedaan. Er is bijna geen moeilijker manier om de kost te verdienen, dan short gaan op een stierenmarkt. Het tegenovergestelde is ook waar. Als je voortdurend opkomt als een gulle koper op dalende markten, dan mag je rekenen op een zwaar (en duur) leven.

En daarom is het zo belangrijk dat je, als scalper, ook naar het complete plaatje moet kijken. Als je niet weet of "jouw" markt zich op de daggrafiek of 4-urengrafiek in een opwaartse, neerwaartse of zijwaartse trend bevindt, dan weet je niet echt waar je mee bezig bent. Zelfs als je je scalps met chirurgische precisie uitvoert, moet je nog altijd de onderliggende krachten van je markt kennen. Bestudeer trends, bestudeer de economische kalender en - hier ga je misschien om lachen - lees af en toe eens de financiële pagina's van een goede krant. Het voordeel van dergelijke krantenartikels is, dat je voor een keertje eens niet op het internet zit. Met wat afstand bekom je misschien een goede analytische inschatting in een valutamarkt (en de bijbehorende obligatiemarkt). Misschien met een dikke sigaar? Wat denk je daarvan?

Ik hoop dat je inziet dat je de markt moet benaderen van de long-kant op een stierenmarkt en van de short-kant op een berenmarkt. Je hebt gewoon betere kansen. Moet je niet altijd short gaan op stierenmarkten? Neen, dat zou ik niet durven zeggen. Voor scalpers zijn er altijd opportuniteiten aan beide kanten. Maar je moet je ervan bewust zijn, dat als je een long positie hebt lopen op een berenmarkt, dat de verkopers elk moment actief kunnen worden. Zelfs als we contra-trend scalpers zijn, betekent dit niet dat we constant tegen de wind in moeten zeilen. Wees dus op je hoede wanneer je tegen de hoofdtrend van de markt in scalpt.

9. Hoe scalp ik trenddagen?

Trenddagen vormen geen bedreiging voor een contra-trend scalper. Integendeel! Trenddagen zijn vaak de dagen waar de grootste winst wordt binnengehaald. Zoals de naam al doet vermoeden, duidt een trenddag erop dat de markt in een duidelijke trend overgaat. Op het eerste zicht zou je denken dat dit het werk van een trader vereenvoudigt. Uit ervaring weten we echter dat veel scalpers en traders te weinig winst halen uit zo'n dag, of zelfs verlies maken. De reden waarom dit zo is, valt buiten de scope van dit boek. Dit is een onderwerp voor een diepgaande studie van de trader-psychologie.

Afbelding 29: EUR/USD, 2-minutengrafiek

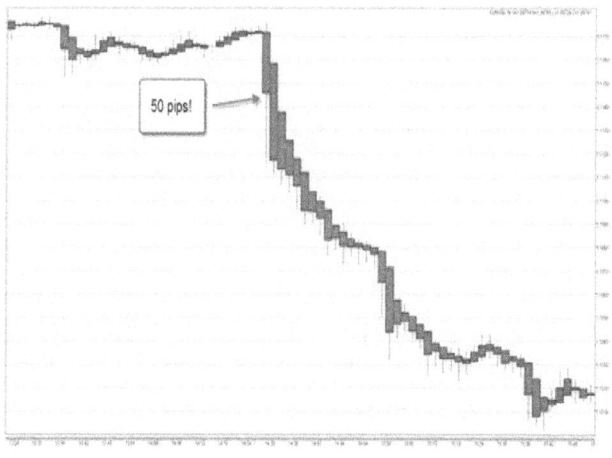

Helemaal links bovenaan op de grafiek zie je dat de markt eerst zijwaarts gaat. Dit was zo de rest van de voormiddag tot 14:30u. Dan werd de consumentenprijsindex (CPI) van VS voor april 2015 gepubliceerd (VS-Amerikaanse consumentenprijsindex). Het cijfer was wat zwakker dan verwacht, maar dat weerhield de marktdeelnemers er niet van om massaal dollars te kopen en euro's te verkopen. Waarom? Omdat de belangrijkste trend in de EUR/USD maandenlang gewoon short was. Punt. Nog vragen?

Als contra-trend scalper hebben we een probleem, want er zijn bijna geen contra-trends. Bij de eerste candle na de release ging het onmiddellijk 50 pips neerwaarts. En dan daalde de markt verder, zo'n 120 pips zonder noemenswaardige weerstand. Dat is natuurlijk extreem. Je kan short gaan op eender welk moment op zo'n markt en je zal winst maken. Maar ik wil je wel duidelijk waarschuwen: je kan dit doen, maar doe het dan wel met een strakke stop. Als je er door je stop wordt uitgegooid, dan is het gewoon brute pech.

Ik zou eerder aanraden om short te gaan **met een kleinere positie** dan normaal wanneer de markt zich voor korte tijd herstelt (zelfs al is het maar enkele seconden of 1 minuut). Ik zou voor een ruimere stop gaan (laten we zeggen, meer dan 20 pips). Nogmaals, dit zal niet altijd lukken, maar zo af en toe levert dit een mooie winst op. Trouwens, dergelijk belangrijke cijfers komen vaak voor op vrijdag. Het is een goede oefening onder traders als je erin slaagt om zo'n slag te slaan om de week mee af te sluiten. Laat die sigaar maar komen!

10. Besluit

De opmerkzame lezer zal hebben opgemerkt dat ik het thema "risico- en geldbeheer" tot hier toe terzijde heb laten liggen. Dat is zeker niet omdat ik het onderwerp niet interessant vind! Helemaal niet. Je hebt nu het tweede boek in de reeks "Scalpen is leuk!" gelezen, waarin meer concreet de kunst van scalping wordt behandeld. Ik hoop dat ik je heb kunnen helpen om deze stijl van trading beter te begrijpen dankzij de voorbeelden op verschillende markten. Ik vind geldbeheer zo belangrijk, dat ik dit graag apart wil behandelen in deel 3 van deze reeks. De focus zal dan vooral liggen op volgende vragen:

1. Hoe evalueer ik mijn trading resultaten?

2. Wat zijn de belangrijkste cijfers hiervoor?

3. Welke parameters kan ik wijzigen om mijn resultaten te optimaliseren?

Als je de methode begrijpt en bovendien de principes van risicobeheer onder de knie hebt, zal niets je trading carrière nog in de weg staan.

Ik wens je veel geluk!

Heikin Ashi Trader

Je kan de auteur bereiken op: pdevaere@yahoo.de

Beste lezer,

Als het boek voor jou een positieve ervaring was, dan mag je dit altijd delen via een klantrecentie op Amazon of op bol.com. Dat komt het boek ten goede! Uiteraard mag je hier ook je eventuele kritiek kenbaar maken. Ik neem elke kritiek ernstig en maak er gebruik van om mijn boeken te verbeteren. Niemand is perfect en men kan altijd bijleren. In elk geval wil ik je bedanken om mijn boek te kopen en ik wens je alvast veel geluk met je business.

Andere boeken van Heikin Ashi Trader

Scalpen is leuk!

Deel 3: Hoe kan ik mijn trading resultaten evalueren?

Scalpen is de snelste manier om geld te verdienen op de beurs. Er is nauwelijks een methode die effectiever het geld van een trader kan vermeren. Waarom dit zo is, vertelt de Heikin Ashi Trader in deze vierdelige serie over scalpen.

In het derde boek richt zich de Heikin Ashi Trader op de vraag hoe de scalper zijn handelsresultaten naar behoren kan evalueren. Op basis van de wekelijkse resultaten van één enkele trader wijst hij op welke factoren werkelijk van belang zijn met het oog op blijvend succes op de beurs. De grondige analyse van de trading resultaten van 12 weken handel biedt een diepe blik op de leercurve van een beginnende professional.

Inhoud:

1. Het trading journaal als wapen

2. De eerste 12 weken van een nieuwe scalper

- Week 1
- Week 2
- Week 3
- Week 4
- Week 5
- Week 6
- Week 7
- Week 8
- Week 9
- Week 10
- Week 11
- Week 12

3. En hoe gaat het met Jenny nu?

4. Scalping is een Business

Hoe scalp ik de Mini-DAX-Future?

Dankzij de introductie van de Mini-DAX-Future (symbool FDXM) hebben particuliere beleggers met kleinere accounts nu ook de mogelijkheid om de Duitse DAX-index tegen professionele condities te scalpen. In tegenstelling tot de meeste andere alternatieven zijn futures de meest transparante en effectieve instrumenten om op de financiële markten geld te verdienen.

Scalpers hebben oneindig veel meer opportuniteiten om te traden dan positie-traders of daghandelaren. Hier ligt de werkelijke kracht van deze trading-stijl. Een scalper kan zijn kapitaal veel effectiever beheren dan alle andere marktdeelnemers en haalt aldus een veel hoger rendement.

De Heiken Ashi Trader toont in dit boek hoe u deze nieuwe future op de DAX succesvol kunt scalpen. U leert hoe u de markt binnenstapt, hoe u uw posities moeten beheren en op welk punt u er weer uit moet. Daarnaast bevat het boek een schat aan tips en tools om de eigen handel nog efficiënter en nauwkeuriger te maken.

Inhoud

1. De EUREX introduceert de Mini-DAX Future
2. Voordelen van de handel in futures
3. De heikin-ashi-grafiek
4. Wat is scalping?
5. Wat is het voordeel van een scalper?
6. Basis-setup van de heikin ashi scalping-methode
7. entry-strategieën
8. Zijn re-entries nuttig?
9. Exit-strategieen
10. Zijn meerdere koersdoelen nuttig?
11. Wanneer u de Mini-DAX moet scalpen (en wanneer niet)
12 Handige tools voor scalpers
  A. Orders plaatsen
  B. openen en sluiten van orders
  C. Het beheer van openstaande orders
  D. De trailing stop als hulpmiddel voor winstmaximalisatie
13. Verschillende stop-soorten

- A. De vaste stop
- B. De trailing stop
- C. De lineare stop
- D. De tijdstop
- E. De parabolische stop
- F. Stop orders koppelen
- G. multiple stops en multiple targets

15. Geld wordt op de beurs met exit-strategieën verdiend!
16. Verdere ontwikkeling van de marktanalyse
    - A. Key Price Levels
    - B. LiveStatistics

Slotwoord

Verklarende woordenlijst

Meer boeken van Heiken Ashi Trader

Over de auteur

Colofon

Hoe begin ik met 500 euro een trading-business?

Veel traders hebben in het begin maar weinig geld beschikbaar voor het traden. Maar dit hoeft geen obstakel te zijn om toch een trader-carrière in overweging te nemen. Het gaat er in dit boek niet om hoe je van 500 euro 500.000 euro kunt maken. Het zijn juist de overdreven rendementsverwachtingen die de meeste beginners ontsporen.

In plaats daarvan laat de auteur op een realistische manier zien hoe je met een klein startkapitaal een fulltime trader kunt worden. En dit geldt zowel voor traders die particulier willen blijven als degenen die uiteindelijk met geld van cliënten willen handelen.

Dit boek toont stap voor stap hoe je dat moet doen. Bovendien is er voor elke stap een concreet actieplan. Iedereen kan in principe trader worden, als hij bereid is om te leren hoe deze business echt werkt.

Inhoudsopgave

1. Hoe kan ik met 500 euro trader worden?
2. Hoe krijg je een goede routine in trading?
3. Een gedisciplineerd trader worden!
4. Het sprookje van de samengestelde rente
5. Hoe trade je een 500-euro-rekening?
6. Social Trading
7. Met een broker praten
8. Hoe word je een professionele trader?
9. Traden voor een hedgefonds?
10. Leer netwerken!
11. In 7 stappen naar een professionele trader
12. 500 euro is veel geld.

Over de auteur

Heikin Ashi Trader wordt wereldwijd gezien als de specialist in scalping met de Heikin Ashi grafiek. Hij handelt al 19 jaar op deze manier. Hij werkte voor een hedgefonds en ging daarna op eigen houtje Zijn scalpingboek "Scalpen is leuk!" is een internationale bestseller en werd meer dan 30.000 keer verkocht. Meer informatie over zijn scalpingmethode vindt u op zijn website: www.heikinashitrader.net.

Colofon

Tekst: © Copyright by Heikin Ashi Trader

12 Carrer Italia, 5B

03003 Alicante, Spain

Alle rechten voorbehouden

Niets uit deze uitgave mag worden verveelvoudigd, opgeslagen in een geautomatiseerd gegevensbestand, of openbaar gemaakt, in enige vorm of op enige wijze, hetzij elektronisch, mechanisch, door fotokopieën, opnamen, of enige andere manier, zonder voorafgaande schriftelijke toestemming van de uitgever. Ondanks alle aan de samenstelling van dit boek bestede zorg kan noch de uitgever noch de auteur aansprakelijk worden gesteld voor eventuele schade die het gevolg is van enige fout in deze uitgave.

Eerste oplage 2017

www.ingramcontent.com/pod-product-compliance
Lightning Source LLC
Chambersburg PA
CBHW061216180526
45170CB00003B/1023